Die Broschüre gliedert sich insgesamt in vier Schwerpunkte:

Diabetes & Schwerbehinderung

Das Thema „Schwerbehinderung“ ist besonders für Diabetiker ein wichtiges Thema. Patienten berichten immer wieder, dass ihnen bereits kurz nach der Diagnosestellung in Schulungen empfohlen wird, einen Schwerbehindertenausweis zu beantragen. Diese Empfehlung ist jedoch nicht in allen Fällen sinnvoll. Der Schwerbehindertenstatus bringt neben zahlreichen Vorteilen nämlich durchaus auch einige mögliche Nachteile mit sich.
In diesem Teil der Broschüre erfahren Sie mehr darüber – und selbstverständlich auch, unter welchen Umständen Diabetiker eine Schwerbehinderung zugesprochen bekommen.

Ab wann ist man schwerbehindert?

Nach dem Sozialgesetzbuch (§ 2 SGB IX) gelten Menschen als behindert, die „aufgrund eines regelwidrigen körperlichen, geistigen oder seelischen Zustandes nicht nur vorübergehend in ihrer Funktionsfähigkeit beeinträchtigt sind“. Das Ausmaß der Beeinträchtigung wird durch den sog. „Grad der Behinderung“ (GdB) angegeben. Dieser zeigt, wie erheblich die körperlichen und geistigen Funktionen beeinträchtigt sind. Er ist somit ein Maß für die körperlichen, geistigen, seelischen und sozialen Auswirkungen und Beeinträchtigungen der Teilhabe am Leben in der Gesellschaft aufgrund eines Gesundheitsschadens. Ab einem GdB von 50 gilt man als schwerbehindert.

Oliver Ebert

Diabetes: Ihr Recht im Alltag

Der Autor
Oliver Ebert
Nägelestraße 6a
70597 Stuttgart-Degerloch

MWV Medizinisch Wissenschaftliche Verlagsgesellschaft mbH & Co. KG
Zimmerstr. 11
10969 Berlin
www.mwv-berlin.de

ISBN 978-3-941468-35-1

Bibliografische Information der Deutschen Nationalbibliothek.
Die Deutsche Nationalbibliothek verzeichnet diese Publikation in der Deutschen Nationalbibliografie; detaillierte bibliografische Informationen sind im Internet über http://dnb.d-nb.de abrufbar.

Lektorat: Schmittgall Werbeagentur GmbH, Stuttgart
Layout & Satz: Schmittgall Werbeagentur GmbH, Stuttgart
Druck: druckhaus köthen GmbH, Köthen
Abbildungen: Michael Kern, Leonberg

Vorwort

Sehr geehrte Leserinnen,
sehr geehrte Leser,

Menschen mit Diabetes sehen sich im Alltag sehr häufig mit rechtlichen Problemen konfrontiert. Seien es Probleme im Job, bei der Stellensuche, im Umgang mit Krankenkassen oder Fragen zur Schwerbehinderung – zu vielen Punkten gibt es häufig Fragen, die von Ärzten und Schulungspersonal nicht immer beantwortet werden können.

Dieser kleine Ratgeber informiert über einige der häufigsten rechtlichen Probleme im Zusammenhang mit Diabetes.

Allerdings ist das Thema sehr komplex und vielfältig; es ist im Rahmen dieser Broschüre daher nur ein kleiner Überblick möglich. Wenn Sie mehr und Genaueres dazu erfahren wollen: Eine ausführliche und umfassende Darstellung finden Sie in meinem „Diabetes-Rechtsfragen-Buch“, welches im Buchhandel (ISBN-10: 3874094502) erhältlich ist.

Auch auf meiner Internetseite www.diabetes-und-recht.de halte ich zahlreiche Informationen für Sie bereit.

Ich hoffe, dass Ihnen die vorliegende Broschüre als hilfreicher und nützlicher Ratgeber dienen kann, damit Sie auch mit Diabetes weiterhin ohne Rechtsprobleme durch den Alltag kommen.

Herzlichst

PS: Diese Broschüre berücksichtigt die zum 01.11.2010 geltende Rechtslage.

§

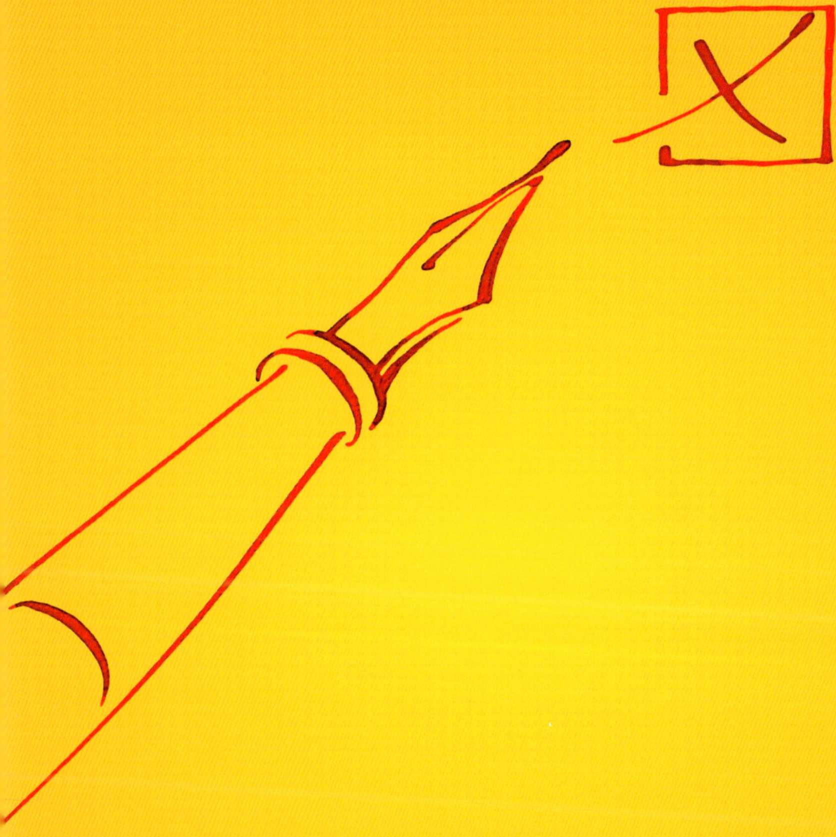

„Um sich richtig entscheiden zu können, muss man seine Rechte kennen.“

Wie erhalte ich einen Schwerbehindertenausweis?

Um die Anerkennung als „Schwerbehinderter" zu erhalten, müssen Sie zunächst einen entsprechenden Antrag stellen und beim zuständigen örtlichen Versorgungsamt einreichen. Antragsvordrucke gibt es bei den Versorgungsämtern, Sozialämtern, den kommunalen Bürgerbüros, den Behindertenverbänden und bei Schwerbehindertenvertretungen in den Betrieben und Behörden. Nach Eingang des Antrages fordert das Versorgungsamt von den behandelnden und den vom Antragsteller angegebenen Ärzten, Krankenhäusern und sonstigen Stellen (z. B. Rentenversicherungsträger, Pflegekasse u. a.) die Befundberichte an und bewertet diese. Zusätzliche ärztliche Unterlagen über den aktuellen Gesundheitszustand (insbesondere aktuelle Krankenhausentlassungsberichte, Kurabschlussgutachten o. ä.) sollten dem Antrag beigefügt werden. Soweit erforderlich, wird eine zusätzliche Untersuchung von Fachärzten durchgeführt.

Nach Abschluss der Prüfung erteilt das Versorgungsamt einen Feststellungsbescheid, in welchem der Grad der Behinderung (GdB) festgestellt und dokumentiert wird.

Rechtsweg und Rechtsmittel

Sollte das Versorgungsamt den Antrag ablehnen oder einen niedrigeren Grad der Behinderung feststellen, so muss innerhalb eines Monats nach Zustellung gegen den entsprechenden Ablehnungsbescheid Widerspruch eingelegt werden. Bleibt dieser erfolglos, kann Klage beim Sozialgericht erhoben werden. Für die Klage selbst wird kein Anwalt benötigt, das Gerichtsverfahren ist – bislang – auch kostenfrei.

Tipp

Nehmen Sie spätestens im Widerspruchsverfahren die Hilfe eines Verbandes (z. B. VdK, DDB) oder eines spezialisierten Anwalts in Anspruch. In den allermeisten Fällen kann so bereits außergerichtlich das gewünschte Ergebnis erreicht werden.

Bin ich als Diabetiker behindert?

Für die Beurteilung des Grades der Behinderung (GdB) gelten gemäß § 69 Abs. 1 Satz 3 SGB IX (Sozialgesetzbuch) die im Rahmen des § 30 Abs. 1 BVG (Bundesversorgungsgesetz) festgelegten Maßstäbe. Diese Maßstäbe sind als sog. „Versorgungsmedizinische Grundsätze" in der VersorgungsMedizinVerordnung (im Folgenden: VersorgMedVO) konkretisiert.

Für Diabetiker ist die unten stehende Passage entscheidend:

Anlage zu § 2 VersorgungsMed-VO Teil B 15.1 Zuckerkrankheit (Diabetes mellitus)
Anmerkung: GdS = Grad der Behinderung – entspricht GdB

GdS 0

Die an Diabetes erkrankten Menschen, deren Therapie regelhaft keine Hypoglykämie auslösen kann und die somit in der Lebensführung kaum beeinträchtigt sind, erleiden auch durch den Therapieaufwand keine Teilhabebeeinträchtigung, die die Feststellung eines GdS rechtfertigt.

GdS 20

Die an Diabetes erkrankten Menschen, deren Therapie eine Hypoglykämie auslösen kann und die durch Einschnitte in der Lebensführung beeinträchtigt sind, erleiden durch den Therapieaufwand eine signifikante Teilhabebeeinträchtigung.

GdS 30 bis 40

Die an Diabetes erkrankten Menschen, deren Therapie eine Hypoglykämie auslösen kann, die mindestens einmal täglich eine dokumentierte Überprüfung des Blutzuckers selbst durchführen müssen und durch weitere Einschnitte in der Lebensführung beeinträchtigt sind, erleiden je nach Ausmaß des Therapieaufwands und der Güte der Stoffwechseleinstellung eine stärkere Teilhabebeeinträchtigung.

GdS 50

Die an Diabetes erkrankten Menschen, die eine Insulintherapie mit täglich mindestens vier Insulininjektionen durchführen, wobei die Insulindosis in Abhängigkeit vom aktuellen Blutzucker, der folgenden Mahlzeit und der körperlichen Belastung selbstständig variiert werden muss, und durch erhebliche Einschnitte gravierend in der Lebensführung beeinträchtigt sind, erleiden aufgrund dieses Therapieaufwands eine ausgeprägte Teilhabebeeinträchtigung. Die Blutzuckerselbstmessungen und Insulindosen (beziehungsweise Insulingaben über die Insulinpumpe) müssen dokumentiert sein.

Außergewöhnlich schwer regulierbare Stoffwechsellagen können jeweils höhere GdS-Werte bedingen. Die Versorgungsämter entscheiden allerdings oftmals sehr restriktiv, sodass bei Diabetes allein zunächst eher selten ein GdS von 50 und damit eine Schwerbehinderung festgestellt wird.

Wichtig

Die Behinderung hängt vom gesundheitlichen Zustand des Menschen ab, nicht von dem rein formalen Bescheid. Der einmal festgestellte Status kann nur durch Veränderung der medizinischen Voraussetzungen gewechselt werden. Er kann weder abgelegt noch verweigert werden.

„Eine Schwerbehinderung bringt auch steuerliche Vorteile.“

Der Feststellungsbescheid kann aber rechtlich angefochten werden – die Erfahrung zeigt, dass insulinpflichtige Diabetiker oder Diabetiker mit Folgeerkrankungen mit anwaltlicher Hilfe dann oftmals die erstrebte Schwerbehinderung erhalten.

Tipp

Der Feststellungsbescheid für die Behinderung wird meist befristet ausgestellt. Man sollte nicht vergessen, diesen rechtzeitig verlängern zu lassen.

Was bringt die Schwerbehinderung?

Schwerbehinderte unterliegen einem besonderen Kündigungsschutz. Dies bedeutet, dass einer Kündigung durch den Arbeitgeber das zuständige Versorgungsamt zustimmen muss. Weiterhin besteht Anspruch auf fünf Tage zusätzlichen bezahlten Urlaub. Schwerbehinderte sind auf Verlangen von Mehrarbeit freizustellen.

Gem. § 33b II EStG können die Pauschbeträge grundsätzlich erst ab einem GdB von 50 geltend gemacht werden. Eine Ausnahme gilt dann, wenn dem behinderten Menschen wegen seiner Behinderung nach gesetzlichen Vorschriften Renten oder andere laufende Bezüge zustehen oder die Behinderung zu einer dauernden Einbuße der körperlichen Beweglichkeit geführt hat bzw. auf einer typischen Berufskrankheit beruht.

Eltern diabetischer Kinder und Jugendlicher wird ein wesentlich höherer Freibetrag in Höhe von derzeit 3 700,00 Euro gewährt, wenn vom Versorgungsamt „Hilflosigkeit" im Sinne des § 33 b EStG bescheinigt worden ist; diese wird regelmäßig bis zur Vollendung des 16. Lebensjahres unterstellt. Berücksichtigt wird hierbei auch der erforderliche Umfang für laufende Blutzuckerkontrollen, die Bestimmung der Insulinmenge, die Zubereitung der Mahlzeiten sowie die Überwachung der erforderlichen Nahrungsaufnahme und der körperlichen Betätigungen.

Auf Antrag kann wegen der Schwerbehinderung ein steuerfreier Pauschalbetrag gewährt werden:

Stufe 1 GdB 25 bis 30	Pauschalbetrag	Euro	310,00
Stufe 2 GdB 35 bis 40	Pauschalbetrag	Euro	430,00
Stufe 3 GdB 45 bis 50	Pauschalbetrag	Euro	570,00
Stufe 4 GdB 55 bis 60	Pauschalbetrag	Euro	720,00
Stufe 5 GdB 65 bis 70	Pauschalbetrag	Euro	890,00
Stufe 6 GdB 75 bis 80	Pauschalbetrag	Euro	1 060,00
Stufe 7 GdB 85 bis 90	Pauschalbetrag	Euro	1 230,00
Stufe 8 GdB 95 bis 100	Pauschalbetrag	Euro	1 420,00

Merkzeichen

Liegen bestimmte besondere gesundheitliche Beeinträchtigungen vor, so werden diese als sog. „Merkzeichen" im Behindertenausweis eingetragen. Diese Merkzeichen bringen dann zusätzliche Vergünstigungen bzw. Vorteile mit sich.

Die Merkzeichen haben folgende Bedeutung:

B: Ständige Begleitung des Menschen mit Behinderung bei Benutzung öffentlicher Verkehrsmittel ist notwendig.
Bl: Der Mensch mit Behinderung ist blind.
G: Der Mensch mit Behinderung ist in seiner Bewegungsfähigkeit im Straßenverkehr erheblich beeinträchtigt bzw. erheblich gehbehindert.
aG: Der Mensch mit Behinderung ist außergewöhnlich gehbehindert.
H: Der behinderte Mensch ist hilflos.
RF: Der Behinderte erfüllt die gesundheitlichen Voraussetzungen für die Befreiung von der Rundfunkgebührenpflicht und die Nachteilsausgleiche bei den Telefongebühren.

Nachteilsausgleiche:

Behinderte haben Anspruch auf kostenlose Beförderung im öffentlichen Nahverkehr, wenn sie blind oder hilflos sind, d. h. sie das Kennzeichen „H" oder „Bl" im Ausweis führen.

Mit dem Merkzeichen „G" oder „aG" können Betroffene beim Versorgungsamt eine Wertmarke kaufen, die jeweils für das aktuelle Jahr zur freien Fahrt berechtigt. Wenn der Behinderte über ein nur geringes Einkommen verfügt, so erhält er diese kostenlos.

Das Kennzeichen „G" ist dabei nicht nur auf eine Gehbehinderung beschränkt, sondern gilt auch für eine Einschränkung des Gehvermögens durch „innere Leiden oder infolge von Anfällen oder von Störungen der Orientierungsfähigkeit, wenn deshalb nicht ohne Gefahren für sich und andere Wegstrecken im Ortsverkehr zurückgelegt werden können“.

Wichtig

Das Recht auf unentgeltliche Fahrten im Nahverkehr entbindet nicht von der Zahlung des Zuschlags bei der Benutzung zuschlagspflichtiger Züge.

Zusätzlich können – je nach Einzelfall – folgende Nachteilsausgleiche gewährt werden:

- Wohnungsbauförderung
- vollständige oder teilweise Befreiung von der Rundfunkgebührenpflicht
- Wohngeld
- reduzierte Telefongebühren
- Parkerleichterungen für Schwerbehinderte
- Beitragsnachlass in der Kraftfahrtversicherung
- finanzielle Förderung bei behindertengerechtem Um-, Aus- und Neubau
- Nachteilsausgleich im Flugverkehr
- Blindengeld
- Bausparförderung und Vermögensbildung.

Die Nachteilsausgleiche hängen vom Grad der Behinderung und dem eingetragenen Merkzeichen ab.

Die genauen Voraussetzungen und gesetzlichen Regelungen können Sie beim zuständigen Versorgungsamt erfragen.

Altersrente für schwerbehinderte Menschen

Schwerbehinderte Menschen können unter bestimmten Voraussetzungen bereits mit 63 Jahren in Altersrente gehen. Allerdings werden in den meisten Fällen für jeden Monat eines Beginns vor Vollendung des 65. Lebensjahres Abschläge in Höhe von 0,3% fällig, d. h., mit Eintritt der Rente wegen Schwerbehinderung bei Vollendung des 62. Lebensjahres muss man bis zu 10,8% Abzug in Kauf nehmen. Eine abschlagsfreie Altersrente ist mit Vollendung des 65. Lebensjahres möglich.

Wichtig

Für manche Jahrgänge gelten noch besondere Vertrauensschutzregelungen, d. h., hier kommt es zu keinem oder nur geringerem Abzug!

Gleichstellung mit einem Schwerbehinderten

Menschen, bei denen mindestens ein GdB von 30 festgestellt wurde, können auf Antrag mit Schwerbehinderten gleichgestellt werden. Voraussetzung dafür ist, dass sie infolge ihrer Behinderung ohne Gleichstellung einen geeigneten Arbeitsplatz nicht erlangen oder nicht behalten können. Mit der Gleichstellung genießt der Betroffene den gleichen Kündigungsschutz wie ein Schwerbehinderter, d. h., für eine Kündigung ist eine vorherige Zustimmung der Integrationsbehörde erforderlich. Die weiteren Vergünstigungen (wie Zusatzurlaub oder Steuerfreibeträge) können aber nicht in Anspruch genommen werden.

Der Antrag ist beim zuständigen Arbeitsamt zu stellen; der Antragsteller muss damit einverstanden sein, dass der Arbeitgeber über seinen Antrag informiert wird.

Was spricht gegen eine Schwerbehinderung?

Auch wenn eine festgestellte Schwerbehinderung den meisten Betroffenen zahlreiche Vorteile bringt, gibt es einige grundsätzliche Probleme, die mit dem Status verbunden sind. Gerade für jugendliche Diabetiker, die auf Arbeitsplatzsuche sind oder am Anfang des Berufslebens stehen, kann die Schwerbehinderung zu ernsthaften Benachteiligungen führen.

Auch sollte man bedenken, dass eine ausgewiesene Schwerbehinderung durchaus auch zu Minderwertigkeitskomplexen oder anderen Persönlichkeitsproblemen führen kann, vor allem dann, wenn man eigentlich voll leistungsfähig ist.

Und: Der erhöhte Kündigungsschutz bringt erst dann etwas, wenn man einen Arbeitsplatz hat. Anders sieht es aus bei unkündbaren Beamten oder Menschen, die keine beruflichen Veränderungen mehr beabsichtigen oder denen möglicherweise eine Kündigung droht: Hier kann man mit dem Antrag auf Schwerbehinderung nichts mehr falsch machen.

Diabetes & Arbeitsleben

Viele Betroffene haben Angst, dass ihre Diabetes-Erkrankung zu Nachteilen im Arbeitsleben führt. Viele dieser Sorgen sind unbegründet; allerdings sollten schon einige grundsätzliche Dinge beachtet werden.

Muss ich beim Bewerbungsgespräch alles sagen?

Im Arbeitsrecht wird zwischen sog. „unzulässigen" und „zulässigen" Fragen des Arbeitgebers unterschieden. Bei zulässigen Fragen muss der Bewerber wahrheitsgemäß antworten: Wird hier gelogen, so kann der Arbeitgeber später – nachdem er die Wahrheit erfahren hat – behaupten, dass er bei Kenntnis der tatsächlichen Situation einen Arbeitsvertrag nie abgeschlossen hätte. Er kann dann den Arbeitsvertrag wegen arglistiger Täuschung anfechten und so das Arbeitsverhältnis mit sofortiger Wirkung für die Zukunft beenden.

Ist eine Frage jedoch unzulässig, so muss der Bewerber hierauf keine Antwort geben; er darf in solchen Fällen auch die Unwahrheit sagen, ohne weitere Konsequenzen befürchten zu müssen. Ob auf entsprechende Nachfrage des Arbeitgebers eine Diabetes-Erkrankung wahrheitsgemäß angegeben werden muss, hängt somit davon ab, ob eine solche Frage denn überhaupt gestellt werden darf.

„Der Arbeitgeber darf nicht alles fragen."

Ist die Frage nach der Diabetes-Erkrankung zulässig?

Fragen nach der Schwangerschaft, einem Kinderwunsch, der Religionszugehörigkeit oder Parteimitgliedschaft bzw. Gewerkschaftszugehörigkeit sind grundsätzlich unzulässig. Der Bewerber muss derartige Fragen nicht beantworten und darf daher hier auch „lügen". Zulässig sind dagegen Fragen nach Hobbys, sozialen Aktivitäten oder bisherigen beruflichen Stationen.
Nach bisheriger Rechtsprechung halten die Arbeitsgerichte Fragen nach Erkrankungen grundsätzlich für unzulässig. Eine Ausnahme besteht nur, wenn die Krankheit sich derart auf die auszuübende Tätigkeit auswirkt, dass diese schlechthin gar nicht erst ausgeübt werden kann. Zum Beispiel, wenn jemand zum Zeitpunkt der Bewerbung schon weiß, dass er krankheitsbedingt die Stelle gar nicht wird antreten können. Erst recht besteht keine Pflicht des Bewerbers, eine Krankheit ungefragt mitzuteilen. Auch bei diabetischen Folgeschäden ist selten absehbar, dass eine vergleichbare, erhebliche Beeinträchtigung vorliegt; anstehende Klinikaufenthalte sind hierbei nicht von Belang. Selbst bei Berufsbildern wie dem eines Kraftfahrers ergibt sich nichts anderes: den Arbeitgeber darf nur interessieren, ob der Bewerber über den erforderlichen Führerschein verfügt und körperlich in der Lage ist, das entsprechende Fahrzeug zu führen. Falls ja, darf der Betroffene fahren, und die Krankheit spielt in dieser Hinsicht keine Rolle! Vor diesem Hintergrund ergibt sich, dass die Frage nach einer Diabetes-Erkrankung grundsätzlich unzulässig ist; eine entsprechende Frage kann ohne Konsequenzen wahrheitswidrig verneint werden.

Zuviel Ehrlichkeit kann auch schaden

Man muss sich zunächst darüber im Klaren sein, dass ein künftiger Arbeitgeber gegenüber vorerkrankten Bewerbern allein aus wirtschaftlichen Gesichtspunkten gewisse Vorbehalte haben kann. Bei Diabetikern kommt das Problem hinzu, dass über diese Krankheit in der Öffentlichkeit oft falsche Vorstellungen bestehen: Nichtbetroffene wissen oftmals nichts oder nur wenig über die Zuckerkrankheit. Ein Arbeitgeber, der über Diabetes nicht hinreichend informiert ist, wird vermutlich davon ausgehen, dass er sich mit der Einstellung eines Diabetikers nur Probleme aufhalsen wird. Vor diesem Hintergrund wird es dann nicht überraschend sein, wenn man trotz positiv verlaufendem Bewerbungsgespräch eine Absage erhält.

Muss eine Schwerbehinderung angegeben werden?

Wenn jemand Rechte als Schwerbehinderter geltend machen kann, ist dies für den Arbeitgeber mit teilweise erheblichen Belastungen verbunden: Neben einem deutlich erhöhten Kündigungsschutz, möglicherweise überdurchschnittlich hohen Fehlzeiten und zusätzlichen Urlaubstagen muss er unter Umständen auch seine betrieblichen Abläufe auf den Behinderten einstellen.

Dennoch wird mittlerweile davon ausgegangen, dass auch nach der Schwerbehinderung nicht gefragt werden darf. Ich empfehle daher, die Schwerbehinderung im Zweifel eher nicht anzugeben. Denn gerade für junge Menschen, die nicht am Ende ihrer beruflichen Laufbahn angekommen sind, kann das Bekanntwerden einer Schwerbehinderung oftmals ein „K.-o.-Kriterium“ im Bewerbungsverfahren darstellen.

Junge Diabetiker, die noch keinen festen Arbeitsplatz haben, sollten daher keinesfalls voreilig eine Schwerbehinderung feststellen lassen. Man hat zu diesem Zeitpunkt kaum Vorteile, der Status kann aber zu unüber-

windlichen Hürden bei der Jobsuche führen.
Bei realistischer Betrachtung wird klar, dass Arbeitgeber keine große Begeisterung dafür zeigen, sich ohne Not den zusätzlichen Belastungen auszusetzen, welche die Einstellung eines schwerbehinderten Mitarbeiters mit sich bringt. Entsprechende Beteuerungen des Arbeitgebers, dass keine Vorbehalte gegen Schwerbehinderte bestünden, sollte man daher nicht überbewerten: Dieser darf nach außen gar keine andere Position vertreten, will er sich nicht dem Vorwurf der Diskriminierung ausgesetzt sehen.
Aus diesem Grund sollte man sich auch nicht zu sehr auf die Zusicherung verlassen, dass z. B. „Schwerbehinderte bei gleicher Eignung bevorzugt" eingestellt würden: Erfolgt dennoch eine Absage, muss erst einmal der Nachweis erbracht werden, dass man tatsächlich und in allen für den Arbeitgeber wesentlichen Belangen über eine mindestens gleiche Eignung wie der letztendlich eingestellte Bewerber verfügt. Dies dürfte in den meisten Fällen jedoch nicht möglich sein.

Vorsicht bei Personalfragebögen

Häufig wird bereits vor dem Vorstellungsgespräch ein sogenannter „Personalfragebogen" verschickt; der Bewerber wird gebeten, die dort enthaltenen Fragen möglichst umfassend und lückenlos zu beantworten. Manchmal enthalten diese Fragebögen auch unzulässige – mitunter sogar recht unverschämte Fragen (z. B. „Wie lange sind Sie schon mit Ihrem jetzigen Partner zusammen?"): Hier sollte im Einzelfall genau geprüft und sorgfältig vorgegangen werden. Wie im Bewerbungsgespräch muss nämlich auch in Personalfragebögen auf solch unzulässige Fragen nicht wahrheitsgemäß geantwortet werden.

„Manchmal ist es klüger, nicht alles zu sagen."

Nicht vergessen

Viele Arbeitgeber versuchen, auf diese Weise – quasi durch die Hintertür – an bestimmte Informationen zu gelangen. Wenn in einem Fragebogen z. B. belanglos gefragt wird, wie häufig im Jahr eine Augen- und Fußuntersuchung durchgeführt wird, so sollten alle Alarmglocken läuten: Der Arbeitgeber möchte so herausfinden, ob der Bewerber von der „Norm" abweicht, d. h. möglicherweise an einer chronischen Krankheit leidet. Nachdem diese Fragen aber nun unzulässig sind, sollte man hier tunlichst die für einen „Gesunden" üblichen Intervalle angeben. Man kann diese Positionen natürlich auch unbeantwortet lassen – hier ist dann aber zu bedenken, dass deren Nichtbeantwortung zu für Sie nachteiligen Rückschlüssen oder Vermutungen führen kann.

Ärztliche Einstellungsuntersuchungen sind freiwillig

Ein medizinischer Test kann im Rahmen der vorgeschriebenen arbeitsmedizinischen Einstellungsuntersuchungen angeboten werden, darf aber nur auf freiwilliger Basis und mit Zustimmung des Bewerbers durchgeführt werden. Der Arbeitgeber hat allerdings das Recht, die Einstellung von dem Ergebnis einer ärztlichen Untersuchung abhängig zu machen: Wenn der Arbeitgeber eine ärztliche Untersuchung verlangt, muss der Bewerber der Untersuchung nachkommen. Aber auch hier ist zu beachten, dass jeder Arzt, auch der Betriebsarzt, zur Verschwiegenheit verpflichtet ist. Die Feststellungen des Arztes müssen sich daher auf die Arbeitsfähigkeit (ja oder nein) beschränken. Es dürfen dem Arbeitgeber keine Informationen über Befunde (z. B. die Diabetes-Erkrankung) oder prognostizierte Krankheitsverläufe mitgeteilt werden.

Hierauf sollte der untersuchende Arzt ggf. nochmals ausdrücklich hingewiesen werden. Wenn nun diese Untersuchung keine begründeten (!) medizinischen Bedenken gegen Ihre Arbeitsfähigkeit ergibt, so wirkt sich auch hier die Diabetes-Erkrankung nicht nachteilig aus.

Diabetes auf keinen Fall angeben ...

Man sollte sich also bei der Frage nach der Diabetes-Erkrankung tunlichst zurückhalten und im Zweifel diese Frage verneinen. Im schlimmsten aller Fälle hat diese „Lüge" zur Konsequenz, dass das Arbeitsverhältnis angefochten und aufgehoben wird – dieses Risiko geht man besser ein, als die Stelle gar nicht erst angeboten zu bekommen. Von selbst versteht sich daher, dass man seine Erkrankung nicht unaufgefordert mitteilen sollte.

... Gleiches gilt für die Schwerbehinderung

Hinsichtlich der Frage nach einer Schwerbehinderung ist es für die Betroffenen ebenfalls vorteilhafter, das Risiko einzugehen und auf eine entsprechende Frage bewusst die Unwahrheit zu sagen, d. h., die Behinderung zu leugnen.
Auch hier besteht natürlich das Risiko, dass der Arbeitsvertrag später möglicherweise angefochten wird. Der Arbeitgeber muss dann aber erst einmal darlegen können, dass er damals bei wahrheitsgemäßer Beantwortung der Frage den Bewerber nicht eingestellt hätte – der Vorwurf der Diskriminierung steht damit immer im Raum.

Im Job: Diabetes verschweigen?

Im Arbeitsleben stellt sich die Frage, ob und wem Sie Ihre Diabetes-Erkrankung mitteilen sollen. Hier können nur individuelle Lösungen unter Berücksichtigung von Arbeitsumfeld und Kollegen gesucht werden. Einerseits gibt es mitunter unerwünschte Reaktionen wie Unverständnis, Ablehnung oder Mitleid. Andererseits können hilfreiche und zweckmäßige Reaktionen nur dann erwartet werden, wenn vorab informiert wurde. Zum Beispiel kann es bei eingeschränkter Unterzuckerungswahrnehmung sehr sinnvoll sein, ausgewählte Kollegen ins Vertrauen zu ziehen.

Sonderpausen für Diabetiker?

Manche Diabetiker wissen nicht, ob sie während der Arbeitszeit ihre Blutzuckermessung bzw. Insulininjektionen vornehmen dürfen. In rechtlicher Hinsicht gibt es, außer in hygienisch/sterilen Umgebungen, wohl kaum Einschränkungen. Abgesehen davon sollte kaum ein Arbeitgeber etwas dagegen haben, dass Sie in regelmäßigen Abständen Ihren Blutzucker bestimmen und so auch Ihre Arbeitsfähigkeit sicherstellen. Genauso wie das Spritzen von Insulin ist dies regelmäßig, quasi nebenher, in wenigen Sekunden erledigt und dürfte den Arbeitsfluss kaum beeinträchtigen. Auf keinen Fall darf Ihnen der Arbeitgeber die Messung bzw. Insulininjektion verbieten; allerdings haben Sie auch kein Recht auf zusätzliche Pausen.

„Es kann sinnvoll sein, ausgewählte Kollegen ins Vertrauen zu ziehen."

Wenn sich Kollegen durch den Anblick von Blut oder einer Nadel belästigt fühlen und sich keine Lösung im Gespräch finden lässt, sollten Sie Rücksicht nehmen und sich hierzu etwas zurückziehen. Zu diesem Problem gibt es bislang meines Wissens kein Gerichtsurteil, was aber daran liegen mag, dass dies in der Praxis grundsätzlich kein

Ver-
trauen

„Es kann sinnvoll sein, ausgewählte Kollegen ins Vertrauen zu ziehen.“

„richtiges“ Problem darstellt: Im schlimmsten Fall können hierzu auch Rauch- oder Toilettenpausen genutzt werden.

Müssen auch Diabetiker in die Kantine?

In manchen Betrieben ist vorgesehen und durch Betriebsvereinbarung geregelt, dass die Arbeitnehmer an der Gemeinschaftsverpflegung in der werkseigenen Kantine teilnehmen. Auch wenn dort Mahlzeiten diabetikergerecht angeboten werden – also mit Angabe der enthaltenen Broteinheiten und Inhaltsstoffe – kann man Sie dennoch nicht zwingen, in der Kantine zu essen. Nach einer Entscheidung des Landesarbeitsgerichts Düsseldorf verstößt eine derartige Verpflichtung gegen grundlegende Persönlichkeitsrechte der Arbeitnehmer und sei daher nicht zulässig (Urteil des Landesarbeitsgerichts Düsseldorf (LAG) vom 12. Mai 1999; Az.: 11 (16) Sa 162/99).

Kann ich wegen meiner Krankheit gekündigt werden?

Es ist ein Irrglaube, dass man einem Arbeitnehmer wegen seiner Krankheit nicht kündigen könne – das ist im Gegenteil leider weit verbreitet. Krankheit an sich ist ein klassischer Kündigungsgrund, der in der Person des Arbeitnehmers liegt. Eine Kündigung wegen Krankheit ist jedoch an hohe Voraussetzungen geknüpft; insbesondere ist eine „negative Zukunftsprognose“ erforderlich. Das bedeutet, dass aus Fehlzeiten in der Vergangenheit und dem Gesundheitszustand die Prognose abgeleitet werden können muss, dass auch in Zukunft mit erheblichen Fehlzeiten zu rechnen ist und hiermit eine erhebliche Störung des Betriebsablaufs verbunden ist. Schließlich muss eine Interessenabwägung auch ergeben, dass die erheblichen betrieblichen Beeinträchtigungen zu einer nicht mehr hinzunehmenden Belastung des Arbeitgebers führen.

Bin ich als Schwerbehinderter unkündbar?

Eine Schwerbehinderung führt zu einem deutlich erhöhten Kündigungsschutz. Man kann davon ausgehen, dass Schwerbehinderte in der Praxis in vielen Fällen nahezu unkündbar sind. Grundsätzlich kann aber auch Schwerbehinderten gekündigt werden, insbesondere, wenn diese gesundheitsbedingt nicht mehr in der Lage sind, ihre Arbeitsleistung zu erbringen und ein anderer Einsatz im Betrieb oder eine Umgestaltung des Arbeitsplatzes nicht möglich ist.
Allerdings: Der Kündigungsschutz wirkt grundsätzlich erst dann, wenn die Schwerbehinderung festgestellt ist. Ausnahme: Wenn die Behinderung offensichtlich ist, gilt die Behinderung auch vor einer Feststellung als nachgewiesen.
Ausnahmen: Die Kündigungsvorschriften gelten u. a. nicht, wenn Ihr Arbeitsverhältnis zum Zeitpunkt der Kündigung noch nicht länger als sechs Monate ohne Unterbrechung bestanden hat. Sie gelten auch nicht, wenn Sie das 58. Lebensjahr bereits vollendet haben und Anspruch auf eine Abfindung, Entschädigung oder ähnliche Leistung aufgrund eines Sozialplanes haben und Sie der beabsichtigten Kündigung nicht widersprechen.

Wie verhalte ich mich bei einer Kündigung?

Viele Kündigungen halten einer gerichtlichen Überprüfung nicht stand. Oftmals werden die vom Gesetzgeber oder der Rechtsprechung geforderten Kriterien und Voraussetzungen nicht erfüllt.

Die möglichen Kündigungsgründe werden unterteilt in:

- verhaltensbezogene Gründe
- personenbezogene Gründe
- betriebsbedingte Gründe

und bringen jeweils unterschiedliche Voraussetzungen mit sich.

Bei einer **verhaltensbezogenen Kündigung** liegt ein Fehlverhalten des Arbeitnehmers vor, welches dieser trotz wiederholter Aufforderung nicht abgestellt hat. Beispiele hierfür sind permanente Verspätungen oder Arbeitsverweigerung. Eine Kündigung ist aber nur zulässig, wenn zuvor eine Abmahnung durch den Arbeitgeber erfolgt ist, d. h. dem Arbeitnehmer das Fehlverhalten vorgehalten und für weitere Verstöße die Kündigung angedroht wurde.

Eine **personenbezogene Kündigung** beruht auf Gründen, die in der Person des Arbeitnehmers liegen. Der häufigste Fall hierfür ist die Langzeiterkrankung, welche zu einer erheblichen Störung des Betriebes führen muss.

Schließlich kann auch aus **betriebsbezogenen Gründen** gekündigt werden, z. B. dann, wenn Entlassungen erforderlich sind, um die (Fort-)Existenz des Betriebes sicherzustellen. Hierzu muss der Arbeitgeber aber nachweisen, dass er eine hinreichende Sozialauswahl getroffen hat, d. h. er bei Auswahl der zu entlassenden Arbeitnehmer deren soziale Verpflichtungen (Kinder, Familie), körperliche Benachteiligungen (Schwerbehinderung) oder auch Faktoren wie die Dauer der Betriebszugehörigkeit hinreichend berücksichtigt hat. Arbeitnehmer in Betrieben mit mehr als zehn Mitarbeitern können grundsätzlich innerhalb von drei Wochen nach Zugang der Kündigung eine „Kündigungsschutzklage" erheben, um die Unzulässigkeit bzw. Unwirksamkeit der Kündigung feststellen zu lassen. In den allermeisten Fällen lohnt sich eine solche Klage, denn selbst bei berechtigter Kündigung lässt sich oftmals noch eine akzeptable Abfindung erreichen.
Sobald Sie die Kündigung erhalten haben, muss diese sofort

dem Arbeitsamt angezeigt werden – andernfalls drohen Nachteile beim späteren Bezug des Arbeitslosengeldes.

Tipp

Wenn Sie mit einer betriebsbedingten Kündigung rechnen, reichen Sie umgehend einen Antrag auf Feststellung der Schwerbehinderung beim zuständigen Versorgungsamt ein. Wird dann die Schwerbehinderung festgestellt, ist eine Kündigung ohne Einschalten der Integrationsbehörde nicht mehr möglich.

Soll ich einen Aufhebungsvertrag machen?

In manchen Fällen wird Arbeitnehmern angeboten, das Arbeitsverhältnis nicht durch Kündigung, sondern einvernehmlich – durch Aufhebungsvertrag – zu beenden; meist ist dies mit dem Angebot einer Einmalzahlung verbunden: Solche Aufhebungsverträge sollten Sie jedoch niemals unterzeichnen, ohne zuvor gründlich über die Offerte nachgedacht und fachkundigen Rat eingeholt zu haben. Auch wenn die angebotene Einmalzahlung recht hoch erscheint – mitunter relativiert sich dieser Betrag recht schnell: Zum einen sollen hiermit regelmäßig alle noch bestehenden Ansprüche gegen den Arbeitgeber abgegolten werden, z. B. Lohnzahlungen oder der Ausgleich von Resturlaub. Zum anderen ist zu bedenken, dass man durch die einvernehmliche Beendigung eine nachfolgende Arbeitslosigkeit quasi selbst verschuldet und dadurch regelmäßig mit einer dreimonatigen Sperre der Arbeitslosenunterstützung zu rechnen ist. Schließlich muss die Abfindungssumme in manchen Fällen auch noch versteuert werden, sodass unterm Strich oft recht wenig von der ursprünglichen Summe verbleibt.

Diabetes im Straßenverkehr

Darf ich als Diabetiker denn überhaupt noch Auto fahren? In diesem Abschnitt habe ich Hinweise und Tipps rund ums Thema Führerschein zusammengestellt.

Um das Risiko im Straßenverkehr so gering wie möglich zu halten, dürfen nur Menschen ein Fahrzeug führen, die körperlich, geistig und charakterlich dazu geeignet sind.

Das bedeutet: Jeder Fahrer muss sein Auto, Motorrad, Bus oder Lkw jederzeit beherrschen und darf keine Ausfallerscheinungen zeigen, weil er z. B. Alkohol getrunken hat oder Medikamente einnehmen musste und deshalb einschläft, zu langsam reagiert oder einen Tunnelblick hat. Die Überprüfung, wer geeignet oder ungeeignet ist, ein Fahrzeug zu führen, obliegt der zuständigen Straßenverkehrsbehörde.

Straßenverkehrsbehörde überprüft die Fahrtauglichkeit

Die Straßenverkehrsbehörde (meist das zuständige Landratsamt) muss entscheiden, was zu tun ist, wenn jemand ein erhöhtes Risiko hat, wegen einer Krankheit oder sonstiger Gründe plötzlich bewusstlos und/oder fahruntauglich zu werden. Dies kann z. B. bei Patienten mit Epilepsie der Fall sein: Ein epileptischer Anfall auf der Autobahn kann in einer Katastrophe enden. Auch Diabetiker, die Insulin spritzen oder Tabletten gegen hohe Werte nehmen, können durch eine Unterzuckerung die Kontrolle verlieren und einen Unfall verursachen.

„Gut eingestellte Diabetiker dürfen Auto fahren.“

Risiko gering halten

Menschen, die ein gesteigertes Risiko mitbringen – wie beispielsweise das Unterzuckerungsrisiko bei Diabetes – müssen also gewährleisten, dass eine Gefährdung unter allen Umständen vermieden oder verhindert wird.
Jemand, der häufig zu überraschenden und schweren Unterzuckerungen neigt, muss daher wirklich sicherstellen können, dass dies nicht gerade beim Autofahren passiert.

Als Betroffener müssen Sie Unterzuckerungen zuverlässig erkennen und behandeln können und Ihre Stoffwechseleinstellung regelmäßig beim Arzt überprüfen lassen (ca. alle sechs bis zwölf Wochen). Außerdem müssen Sie Ihren Blutzucker regelmäßig selbst kontrollieren, Therapie und Einstellung dokumentieren und die Auflagen der Behörde erfüllen (z. B. regelmäßige Untersuchungen, Traubenzucker im Auto etc.).

Kraftfahreignung: Wonach bemisst sich das?

In der Fahrerlaubnis-Verordnung (FeV), der Verordnung über die Zulassung von Personen zum Straßenverkehr, ist unter anderem festgelegt, unter welchen Voraussetzungen die Zulassung erteilt wird (Mindestalter, Eignung, Sehvermögen), was für Beschränkungen es gibt (Auflagen) und wann die Fahrerlaubnis entzogen wird.
Wenn jemand den Führerschein machen will, muss er einen Antrag auf Erteilung der Fahrerlaubnis stellen und die Prüfung bestehen. Gleichzeitig muss die Führerscheinstelle feststellen, ob der Bewerber geeignet ist, ein Kraftfahrzeug zu führen. Die Behörde orientiert sich an den Regelungen der Fahrerlaubnisverordnung, konkreter an der dortigen „Anlage 4 – Eignung und bedingte Eignung zum Führen von Kraftfahrzeugen" und an den „Begutachtungsrichtlinien – 3.5 Zuckerkrankheit Diabetes mellitus".

Gruppe 1	Gruppe 2
A, A1, B, BE, M, L T	C, C1, C1E, D, DE, D1, D1E, FzF (Fahrgastbeförderung)

Diät, orale Antidiabetika, ohne Insulin	Diät, orale Antidiabetika, ohne Insulin
Diät/Biguanide	Diät/Biguanide
Insulinpflichtig	Insulinpflichtig

Einstufung hängt von der Unterzuckerungsgefahr ab

Die Bewertung der Kraftfahreignung von Diabetes-Patienten hängt einerseits davon ab, welche Führerscheinklassen man erwerben will, zum anderen spielt eine Rolle, ob man Insulin spritzt oder nicht.

Abhängig von Diabetes-Typ bzw. Behandlungsform wird in den Begutachtungsrichtlinien nach drei Risikogruppen unterschieden, die Führerscheinklassen werden in zwei Gruppen aufgeteilt.

Führerscheinklassen der Fahrzeuggruppe 1

Sämtliche „leichten" Kraftfahrzeuge, d. h. die Klassen A, A1, B, BE, M, L, T (also Motorräder, Pkw und landwirtschaftliche Zugmaschinen) werden der Fahrzeuggruppe 1 zugerechnet.

Führerscheinklassen der Fahrzeuggruppe 2

In Fahrzeuggruppe 2 sind die „schweren" Fahrzeuge der Klassen C, C1, C1E, D, DE, D1, D1E (Lkw über 7,5 t, Sattelschlepper u. ä.) sowie die FzF (Fahrgastbeförderung) eingeordnet.

Risikogruppe 1

Zur Risikogruppe 1 zählen alle Diabetiker, die

a) mit einer Diät auskommen,

b) solche, die zusätzlich Medikamente bekommen, die ihre Insulinresistenz verbessern (Biguanide, Insulinsensitizer), und/oder Arzneimittel nehmen, die die Nährstoff-Aufnahme verzögern. Diabetiker dieser Gruppe können uneingeschränkt als Fahrer am Straßenverkehr teilnehmen.

Risikogruppe 2

Bei mit Diät und oralen Antidiabetika mit Sulfonylharnstoff (blutzuckersenkende Medikamente, ohne Insulin) behandelten Diabetikern besteht eher selten die Gefahr einer Unterzuckerung (Hypoglykämie).
Diese Betroffenen können in der Regel uneingeschränkt den gestellten Anforderungen beim Führen eines Kraftfahrzeuges gerecht werden. Allerdings: Bevor die Fahrerlaubnis erteilt wird, muss durch ein ärztliches Gutachten eine gute Stoffwechseleinstellung ohne Unterzuckerungen nachgewiesen werden.

Risikogruppe 3

Das sind mit Diät und Insulin, auch mit Insulin und oralen Antidiabetika behandelte Diabetiker. Diabetiker dieser Gruppe – Typ 1, ICT und Pumpenträger – sind grundsätzlich immer hypoglykämiegefährdet.

Dennoch dürfen Menschen aus der Risikogruppe 3 Pkws und andere Kraftfahrzeuge aus der Fahrzeuggruppe 1 grundsätzlich fahren, wenn sie Unter- oder Überzuckerungen bemerken und hierauf entsprechend reagieren. Natürlich müssen sie dazu selbstständig den Blutzucker messen können.

Kraftfahreignung: trotz und mit Diabetes!

Grundsätzlich gilt also: Ein Diabetiker, der nicht zu häufigen bzw. unkontrollierbaren Unterzuckerungen neigt, kann grundsätzlich alle Kraftfahrzeuge der Gruppe 1 führen.

Wer darf Lkw fahren?

Die meisten Straßenverkehrsbehörden gehen grundsätzlich davon aus, dass Typ-1-Diabetiker für die Personebeförderung nicht geeignet sind und auch keine schweren Lkws (ab 7,5 t) und Zugmaschinen der Klassen C, CE, C1 und C1E führen sollten. Die Ämter weigern sich daher zunächst, dafür eine Fahrerlaubnis zu erteilen. Dagegen sollte man sich wehren: Gemäß Nr. 5.4 der Anlage 4 zur FeV können auch mit Insulin behandelte Diabetiker ausnahmsweise die Fahrerlaubnis der Gruppe 2 erhalten, also auch die Erlaubnis zur Personenbeförderung. Soweit folglich aus ärztlicher Sicht keine Bedenken bestehen – insbesondere, wenn über einen längeren Zeitraum nachweislich keine oder nur leichte Unterzuckerungen (ohne Glukagon, ohne Bewusstlosigkeit, ohne Hilfe von Dritten) aufgetreten sind – und eine gute Stoffwechseleinstellung gutachterlich bescheinigt wird, dann dürfen grundsätzlich auch insulinpflichtige Diabetiker Lkw oder Taxi fahren! Allerdings kann es sein, dass Sie hier Ihr Recht erstreiten müssen: Verweigert die Behörde die Fahrerlaubnis einer Fahrzeugklasse der Gruppe 2, weil Sie Diabetes haben, können Sie Widerspruch einlegen und auch vor dem Verwaltungsgericht klagen. Bestehen aus medizinischer Sicht keine Bedenken, so wird die Behörde die Fahrerlaubnis erteilen müssen!

Tipps für Kraftfahrer

Folgende Regeln sollten Sie als autofahrender Diabetiker immer beherzigen:

- Denken Sie an Ihre Verantwortung gegenüber Ihren Mitmenschen! Sorgen Sie dafür, dass Sie am Steuer nicht in Unterzuckerung geraten!

- Setzen Sie sich nicht ans Steuer, wenn der Arzt aufgrund Ihrer Stoffwechsellage vom Autofahren abgeraten hat!

- Denken Sie daran, dass es in den ersten Wochen nach der Diabetesfeststellung, Diabetesneueinstellung oder Insulinumstellung zu Sehstörungen kommen kann!

- Testen Sie vor der Fahrt den Blutzucker; bei längeren Fahrten hierfür ausreichende Pausen vorsehen. Bei den geringsten Anzeichen einer Unterzuckerung während der Fahrt sofort anhalten und essen bzw. messen.

- Nach einer festgestellten Unterzuckerung: Erst weiterfahren, wenn eine Kontrollmessung nach einiger Zeit ergeben hat, dass der Blutzucker hinreichend angestiegen ist.

- Halten Sie im Auto immer ausreichende Mengen Traubenzucker oder andere schnellwirksame Kohlenhydrate wie z. B. Gummibärchen, Cola oder Orangensaft griffbereit – am besten in der Mittelkonsole. Führen Sie immer Obst oder Kekse für Zwischenmahlzeiten und als Notreserve mit.

- Denken Sie daran, dass es durch Alkoholgenuss (z. B. am Vorabend!) zu Unterzuckerungen kommen kann.

Ansonsten gilt wie auch für Nichtdiabetiker: Fahren Sie defensiv, vermeiden Sie Übermüdung, machen Sie Pausen.

Allgemeine Rechtsprobleme

Diabetiker haben zwar aufgrund ihrer Krankheit keine direkten rechtlichen Nachteile, allerdings sind vor allem im Umgang mit Versicherungen einige Punkte besonders zu beachten. Beim Abschluss einer Lebens- oder Berufsunfähigkeitsversicherung wird regelmäßig eine sog. Gesundheitsprüfung vorgenommen.

Meistens ist dies ein Fragebogen mit Fragen zu Vorerkrankungen, der vom Betroffenen ausgefüllt werden muss. Damit verbunden ist die Einwilligung, dass die bislang behandelnden Ärzte gegenüber dem Versicherungsunternehmen von der Schweigepflicht entbunden werden und dieses ein Einsichtsrecht in die Krankenakten haben soll.

Hierbei ist unbedingt zu beachten, dass die Angaben zur Gesundheit wahrheitsgemäß und vollständig gemacht werden sollten!

Man sollte bei Fragen nach Vorerkrankungen und Behandlungen daher alle wesentlichen Krankheiten bzw. Vorfälle auflisten, welche bis dahin irgendwann einmal aufgetreten sind. Dies gilt zwar selbstverständlich nicht für einfache Erkältungen, Lungenentzündungen wären dagegen anzugeben. Hintergrund ist: Das Versicherungsunternehmen wird im Leistungsfall, d. h., wenn der vorzeitige Tod bzw. die Berufsunfähigkeit eintritt, nach Gründen suchen, die Zahlung zu verringern oder zu verkürzen. Regelmäßig wird dann der Gesundheitsfragebogen nach unvollständigen oder verschwiegenen Vorerkrankungen durchforstet. Stellt sich heraus, dass dort – auch unabsichtlich – etwas vergessen wurde, so kann die Versicherung in den meisten Fällen eine Zahlung komplett verweigern!

Die Versicherung wird dann eine sogenannte „arglistige Täuschung“ beim Vertragsabschluss unterstellen und behaupten, den Versicherungsvertrag bei Kenntnis der nun erst bekannt gewordenen Umstände nicht, oder zumindest nicht zu den zugrunde liegenden Konditionen, abgeschlossen zu haben.
Für Diabetiker bringt dies natürlich das Problem mit sich, dass die meisten Versicherungen bei Kenntnis der Erkrankung einen Vertragsabschluss ablehnen. Da man bei der Antragstellung auch angeben muss, ob man bereits von einem anderen Unternehmen abgelehnt wurde, sollte man daher unbedingt wie folgt vorgehen: Suchen Sie einen unabhängigen Versicherungsmakler auf, der Ihnen einige Angebote vorlegt, und stellen dann zeitgleich Anträge bei unterschiedlichen Versicherungsgesellschaften.
Auf diese Weise können Sie wahrheitsgemäß in jedem Antrag angeben, dass zuvor keine andere Versicherung abgelehnt hat bzw. kein Antrag irgendwo anders gestellt worden ist. Sollten mehrere Versicherungen zum Abschluss bereit sein, ist das für Sie kein Problem: Als Privatperson können Sie innerhalb von 14 Tagen – schriftlich – ohne Kosten von einem Versicherungsvertrag zurücktreten.

Wo gibt es Hilfe?

Unterstützung bei Problemen können Betroffene zunächst in Selbsthilfegruppen finden, dort lassen sich Erfahrungen austauschen und wertvolle Tipps gewinnen. Auch das Internet ist eine wahre Fundgrube für Informationen. Zahlreiche Seiten bie-

ten dort kostenlose und in vielen Fällen qualitativ hochwertige Informationen für Diabetiker. Die Organisation DiabetesDE oder der Deutsche Diabetikerbund bieten nicht nur deren Mitgliedern viele und kompetente Informationen; zahlreiche Veranstaltungen, Merkblätter oder Infobroschüren sind dort kostenlos oder gegen geringen Unkostenbeitrag erhältlich.
Trotz kaum mehr zeitgemäßer und missverständlicher Bezeichnung: Mit ca. 5 Millionen Mitgliedern ist der VdK (Verband der Kriegsversehrten) die größte und wohl einflussreichste Interessenvertretung der Schwerbehinderten. Sie erhalten in den örtlichen Verbandsstellen kostenlose und hochkompetente Beratung zu allen Fragen des Schwerbehindertenrechts.

Streitigkeiten im Arbeitsleben

Für Streitigkeiten im Arbeitsleben – z.B. bei Kündigung des Arbeitsverhältnisses oder Auseinandersetzungen um Urlaubsansprüche, Lohnzahlungen oder die Erteilung eines (korrekten) Zeugnisses – ist das Arbeitsgericht zuständig. Eine entsprechende Klage muss dort eingereicht werden. Ein Rechtsanwalt ist hierfür nicht erforderlich – jedoch unbedingt ratsam!

Sozialrechtliche Fragen

Bei Fragen der Schwerbehinderung oder Streitigkeiten mit der gesetzlichen Krankenkasse – z.B. wenn bestimmte Leistungen nicht übernommen werden – steht der Weg zu den Sozialgerichten offen. Das Verfahren dort ist bislang noch kostenfrei und ebenfalls keinem Anwaltszwang unterworfen. Das Gericht hat hier von Amts wegen den Sachverhalt zu ermitteln; allerdings sollte man selbstverständlich auch hier im eigenen Interesse kompetente Unterstützung durch einen spezialisierten Anwalt oder einen Verband wie den DDB oder VDK suchen.

Verwaltungsgerichte

Für Streitigkeiten mit Behörden, insbesondere den Straßenverkehrsbehörden, ist im Normalfall das Verwaltungsgericht zuständig. Die Anordnung von Auflagen zum Führerschein bzw. Versagung der Fahrerlaubnis kann vor den Verwaltungsgerichten überprüft werden; auch hier ist in erster Instanz kein Anwalt erforderlich.

Finanzgerichte

Diabetiker können die Zuzahlungen für Medikamente (Insulin) grundsätzlich als außergewöhnliche Belastungen steuermindernd absetzen. Schwerbehinderte können zusätzlich Freibeträge bei der Steuer in Anspruch nehmen. Macht das Finanzamt Schwierigkeiten, kann man seine Rechte vor den Finanzgerichten wahrnehmen; es empfiehlt sich eine Vertretung durch den Steuerberater oder einen spezialisierten Anwalt.

Tipp

Gerade in Führerscheinsachen können in verfahrenstaktischer Hinsicht viele Fehler gemacht werden. Sie sollten daher in diesen Fällen unbedingt einen spezialisierten Anwalt einschalten!

Zivilrechtliche Streitigkeiten

Für alle übrigen Streitigkeiten (z. B. aus Miete, Vertrag, Verkehrsunfall, Arzthaftung) ist der normale Zivilrechtsweg eröffnet, d. h., es sind bis zu einem Streitwert von 5 000 Euro die Amtsgerichte, bei höheren Streitwerten die Landgerichte zuständig. In Verfahren vor den Landgerichten besteht Anwaltszwang. Die Kosten eines Rechtsstreits sind meist beträchtlich; die verlierende Partei trägt alle Kosten des Rechtsstreits, d. h., es sind neben den eigenen Anwaltskosten auch die des Gegners, die Gerichtsgebühren, Kosten für Gut-

achten sowie Auslagen für Zeugen zu tragen.
Wichtig für Diabetiker: Wird z.B. von der privaten Krankenversicherung eine Kostenerstattung verweigert, muss ebenfalls vor dem Zivilgericht geklagt werden.

Anwalt einschalten

Gerade bei Problemen mit dem Führerschein oder im Arbeitsleben sollte unbedingt die Fachkenntnis eines spezialisierten Anwaltes in Anspruch genommen werden. Wenn Sie keine Rechtsschutzversicherung haben, sind die Kosten hierfür sicherlich nicht unbeträchtlich. Kann aber eine Kündigung vermieden oder eine Fahrerlaubnis (wieder-)erlangt werden, machen sich diese schnell wieder bezahlt. Wichtig ist, dass Sie sich die Mühe machen, einen für Ihre Rechtsprobleme spezialisierten Anwalt auszusuchen. Es ist daher nicht unbedingt empfehlenswert, den erstbesten Anwalt aus dem Telefonbuch oder an der nächsten Straßenecke aufzusuchen. Fragen Sie besser bei der örtlichen Anwaltskammer nach: Gerne wird man Ihnen kostenlos spezialisierte Anwälte nennen, z.B. für Arbeitsrecht oder Verkehrsrecht.

Die „richtige" Rechtsschutzversicherung

Die Kosten eines Rechtsstreits sind in vielen Fällen nicht unerheblich, sodass über den Abschluss einer geeigneten Rechtsschutzversicherung nachgedacht werden sollte. Sinnvoll für autofahrende Diabetiker ist auf jeden Fall eine Verkehrsrechtsschutzversicherung, die auch Führerscheinstreitigkeiten abdeckt. Wenn sich Probleme mit privaten Krankenversicherungen abzeichnen, sollte auch über eine Vertragsrechtsschutzversicherung nachgedacht werden; diese macht sich dann meist schon recht schnell bezahlt. Bei (absehbaren) Mietrechtsstreitigkeiten ist es dagegen oft günstiger, dem örtlichen Mieterschutzbund beizutreten und seine Interessen von dort wahrnehmen zu lassen.

Nützliche Internetadressen:

www.diabetes-und-recht.de

www.diabetiker-rechte.de

www.diabetes-journal.de

www.diabetes-journal-online.de

www.diabetes-forum.de

www.diabetesde.org

www.diabetikerbund.de

www.deutsche-diabetes-gesellschaft.de

www.diabsite.de

www.diabeticus.de

www.diabetes-hannover.de

www.insuliner.de

www.rehadat.de

www.vdk.de

www.diabetes-friends.de

Über den Autor

Rechtsanwalt Oliver Ebert ist geschäftsführender Gesellschafter der Anwaltskanzlei REK Rechtsanwälte mit Standorten in Stuttgart und Balingen.
Seine Kanzlei vertritt Menschen mit Diabetes bundesweit und vor allen deutschen Arbeits- und Sozialgerichten.
Oliver Ebert gilt bundesweit als der Experte zum Thema Diabetes & Recht und ist Autor des bekannten „Diabetes-Rechtsfragen-Buchs“. Er hat schon viele tausend Betroffene rechtlich beraten bzw. vertreten, hält Vorträge in Selbsthilfegruppen und ist ehrenamtlich in zahlreichen Expertenteams und Ausschüssen für Diabetiker tätig.
Außerdem ist er langjähriges Redaktionsmitglied mehrerer Fachzeitschriften sowie verantwortlich für die Internetportale diabetes-forum.de und diabetes-friends.de.

* 1969
Studium in Konstanz und Paris I – Sorbonne
Sozius einer überregionalen Anwaltskanzlei mit den Tätigkeitsschwerpunkten Internet-, Wettbewerbs- und Wirtschaftsrecht
Geschäftsführer eines Softwareunternehmens (Schwerpunkt: Software- und Internetlösungen für Diabetiker und Ärzte)
Unabhängiger Unternehmensberater von internationalen Pharma-Konzernen und mittelständischen Unternehmen (Marketing, Neue Medien und e-Commerce)
Dozent für Internetrecht und e-Commerce an der Dualen Hochschule Baden Württemberg (Villingen-Schwenningen)
Redaktionsmitglied der Zeitschrift „Diabetes-Journal“
Redaktionsmitglied der Zeitschrift „Diabetes Forum“
Redaktionsmitglied der Zeitschrift „Diabetes-Eltern-Journal“
Redaktionsmitglied der Zeitschrift „Diabetes & Technologie“
Redaktion des Internetportals „diabetes-forum.de“
Mitglied im Ausschuss „Soziales“ der Deutschen Diabetesgesellschaft (DDG)
Mitglied im Arbeitskreis „Diabetes & Soziales“ des Deutschen Diabetikerbundes (DDB)
Mitglied im Beratungsteam der Stiftung dianino
Zahlreiche Veröffentlichungen und Vortragsveranstaltungen

REK Rechtsanwälte (Stuttgart/Balingen)

Stuttgart:
Nägelestr. 6a
70597 Stuttgart
Tel.: 0711 76 76 591
Fax: 0711 76 76 592

Balingen:
Friedrichstr. 49/51
72336 Balingen
Tel.: 07433 96 75 950
Fax: 07433 96 75 951
www.diabetes-und-recht.de